Familias de gorilas

Claudia C. Diamond

Traducción al español: Mauricio Velázquez de León

Rosen
REAL
READERS
en español

Rosen Classroom Books & Materials
New York

Published in 2001, 2003 by The Rosen Publishing Group, Inc.
29 East 21st Street, New York, NY 10010

Copyright © 2001, 2003 by The Rosen Publishing Group, Inc.

First Library Edition in Spanish: 2003
First Library Edition in English: 2001

Book Design: Haley Wilson

Photo Credits: Cover, pp. 1, 8, 15, 16, 19, 20 © Wildlife Conservation Society; pp. 4, 12 © John Chellman/Animals Animals; p. 7 © Roger Aitkenhead/Animals Animals; p. 11 © Clyde H. Smith/Peter Arnold.

Library of Congress Cataloging-in-Publication Data

Diamond, Claudia C., 1972-
Familias de Gorilas / Claudia C. Diamond : traducción al español Mauricio Velázquez de León.
p. cm. — (The Rosen Publishing Group's reading room collection)
Summary: Describes the physical characteristics, habits, social behavior, and endangered status of gorillas.
ISBN: 0-8239-8706-X (pbk)
ISBN: 0-8239-8716-7 (hc)
6-pack ISBN: 0-8239-8749-3
1. Gorilla—Juvenile literature. [1. Gorilla. 2. Endangered species. 3. Spanish Language Materials]
I. Title. II. Series.
599.884—dc21

Contenido

Los gorilas

Los gorilas son los **primates** más grandes. Los primates son un grupo animal formado por los monos, los gorilas y los humanos.

Hay tres clases de gorilas, todas en África. Los gorilas de montaña viven en las montañas de África Central. Además, dos clases de gorilas de **tierras bajas** viven en la **selva tropical** de la costa de África occidental.

Los gorilas machos pueden llegar a pesar hasta 450 libras (204 kg). Las hembras pesan unas 200 libras (90 kg).

¿Cómo son los gorilas?

Los gorilas son animales muy tiernos. Como los humanos, los gorilas se cuidan unos a otros y pasan mucho tiempo con sus familias. Los gorilas también necesitan atención y amistad, como las personas. En su estado natural pasan casi la mitad del día buscando plantas y frutas para comer. Los gorilas se mueven de un lado a otro y nunca duermen en el mismo lugar más de una noche.

Igual como te cuidan a ti, los gorilas mayores cuidan de los gorilas pequeños.

Una familia de gorilas

Los gorilas forman familias de unos diez o veinte miembros. Con frecuencia, una familia tiene más de un macho, varias hembras y varios gorilas jóvenes.

Los gorilas no se desarrollan por completo hasta cumplir unos diez años de edad.

Cuando los gorilas machos cumplen diez años, dejan la familia para comenzar su propia familia. Un nuevo grupo se forma cuando una o varias hembras se unen al macho que dejó su familia.

Al igual que muchos humanos, los gorilas viven juntos en grandes familias.

El líder de la familia

Los gorilas machos desarrollan al crecer una mancha de pelo plateado en la espalda. A estos gorilas adultos se les llama "espalda plateada". Los espalda plateada están al frente de la familia y se encargan de protegerla del peligro.

El espalda plateada toma todas las decisiones en la familia. Decide a qué hora se despertarán, a dónde irán cada día, e incluso, cuándo descansarán.

El gorila "espalda plateada" tiene un trabajo muy importante. ¡El está a cargo de toda la familia de gorilas!

Un día en la vida de la familia

En cuanto sale el sol, los gorilas se levantan y comienzan a comer. Comen **cortezas**, diferentes tipos de hojas y frutas. Después del desayuno, los gorilas jóvenes se ponen a jugar y los adultos descansan hasta la tarde. Entonces es hora de comer nuevamente. Por la noche utilizan ramas de árboles para construir un nido donde dormir. Generalmente construyen este nido en el suelo, pero en ocasiones lo construyen en un árbol.

Los gorilas jóvenes juegan mientras los adultos toman una siesta.

Mamá gorila

Las gorilas hembra aprenden a ser mamás viendo a otras gorilas adultas criando a sus bebés. Además, una gorila joven ayuda a cuidar a sus hermanos y hermanas menores. Aprende cómo cargarlos y cómo jugar con ellos. Así, estará lista para ser una buena mamá gorila cuando tenga sus propios bebés.

Una mamá gorila aprende a ser mamá viendo a las gorilas adultas cuidar de sus crías.

Mamá gorila y los bebés

Al nacer, un bebé gorila es tan indefenso como un bebé humano. Durante los primeros meses de vida su mamá tendrá que cargarlo a dondequiera que vaya. La leche de la mamá será el único alimento que comerá al principio. Conforme el bebé crece y se fortalece, comenzará a comer alimentos, como bayas y hojas.

Igual que los bebés humanos, los bebés gorilas necesitan de mucha atención y cuidado.

El bebé gorila comienza a crecer

Muy pronto el bebé gorila estará listo para sujetarse por sí mismo al cuerpo de su mamá. Ahora viajará en la espalda de su mamá, sujetándose de su pelaje.

Un bebé gorila puede gatear al cumplir tres meses, y podrá caminar a los cinco meses. Aun así, el bebé seguirá viajando con frecuencia en la espalda de su mamá hasta cumplir tres años de edad.

Si un gorila joven se cansa de gatear o caminar, puede viajar sobre la espalda de su mamá.

El papel de los zoológicos

Algunos gorilas viven en zoológicos. Los zoológicos son lugares seguros donde la gente puede ver la **vida salvaje**. Además, los zoológicos cuidan a animales que se encuentran en peligro de desaparecer. En África los gorilas están en grave peligro. Los humanos estamos destruyendo su **hábitat**. Los zoológicos son hogares seguros para los gorilas. Los zoológicos les dan a las familias de gorilas un lugar para tener a sus bebés.

Los zoológicos son lugares seguros donde los bebés gorilas y sus familias pueden vivir y desarrollarse.

La lucha por salvar a los gorilas

Únicamente unos 50,000 gorilas de tierras bajas, y unos pocos centenares de gorilas de montaña viven en su estado natural. Muchas leyes se han impuesto para protegerlos. Pero los **cazadores furtivos** continúan matando a los gorilas y a sus bebés. Estos cazadores se llevan a los bebés y tratan de venderlos a los zoológicos. La mayoría de los zoológicos no aceptan estos gorilas, y esperan que así acabarán con los cazadores furtivos. Los zoológicos en todo el mundo trabajan para salvar a los gorilas.

Glosario

cazador furtivo   Persona que practica cacería ilegal.

corteza (la)   Capa exterior del tallo, raíz y ramas de los árboles y arbustos.

hábitat (el)   Lugar en el que vive naturalmente un ser, animal o vegetal.

primates   Grupo de animales que incluye a los monos, gorilas y seres humanos.

selva tropical   Área en la que llueve mucho durante todo el año.

tierras bajas (las)   Área de terreno que tiene menor altitud que la tierra que la rodea.

vida salvaje   Animales y vegetales que viven en zonas alejadas de los humanos.

Índice